škola - мактаб	2
putešestvie - саёҳат	5
transport - транспорт	8
gorod - шаҳар	10
landšaft - манзара	14
restoran - ресторан	17
supermarket - супермаркет	20
napitki - ичимликлар	22
eda - таом	23
ferma - чорвачилик хўжалиги	27
dom - уй	31
gostinaâ - меҳмонхона	33
kuhnâ - ошхона	35
vannaâ komnata - ваннахона	38
detskaâ komnata - болалар хонаси	42
odežda - кийим	44
ofis - идора	49
èkonomika - иқтисод	51
professii - касблар	53
instrumenty - асбоблар	56
muzykal'nye instrumenty - мусиқа асбоблари	57
zoopark - ҳайвонот боғи	59
sport - спорт ўйинлари	62
dejstviâ - машғулот	63
sem'â - оила	67
telo - тана	68
bol'nica - шифохона	72
neotložnyj slučaj - тез ёрдам	76
zemlâ - Ер	77
časy - соат	79
nedelâ - ҳафта	80
god - йил	81
formy - шакллар	83
cveta - ранглар	84
protivopoložnosti - қарама-қарши маъноли сўзлар	85
cyfry - рақамлар	88
âzyki - тиллар	90
kto / čto / kak - ким / нима / қандай	91
gde - қаерда	92

Impressum
Verlag: BABADADA GmbH, Nedderfeld 112 , 22529 Hamburg
Geschäftsführer / Verlagsleitung: Harald Hof
Druck: Books on Demand GmbH, In de Tarpen 42, 22848 Norderstedt

Imprint
Publisher: BABADADA GmbH, Nedderfeld 112 , 22529 Hamburg, Germany
Managing Director / Publishing direction: Harald Hof
Print: Books on Demand GmbH, In de Tarpen 42, 22848 Norderstedt, Germany

škola

мактаб

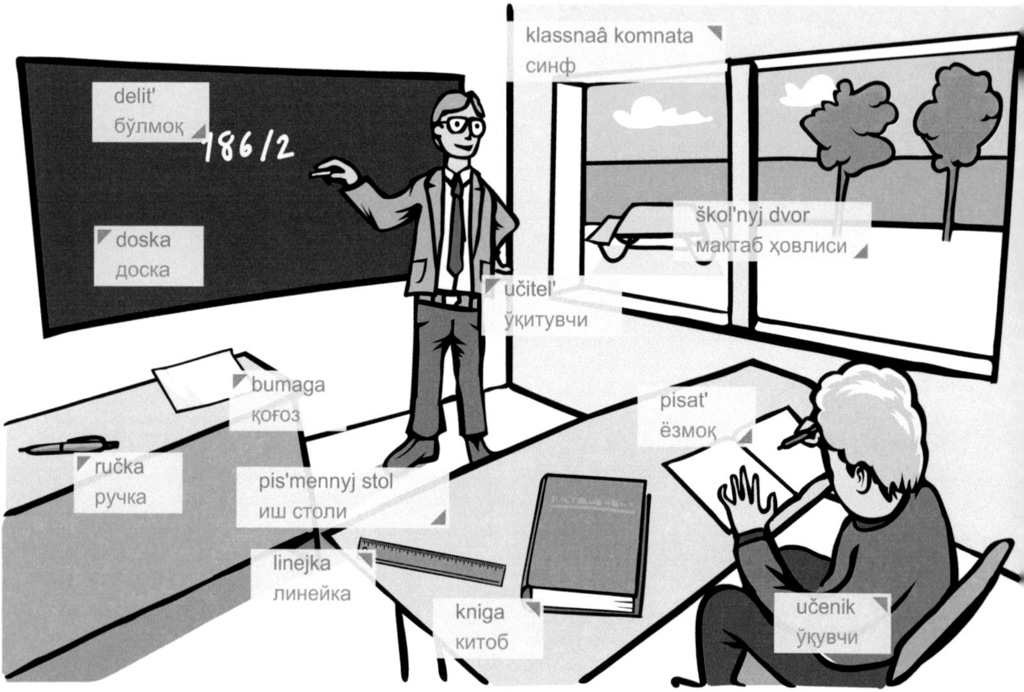

klassnaâ komnata
синф
delit'
бўлмоқ
doska
доска
škol'nyj dvor
мактаб ҳовлиси
učitel'
ўқитувчи
bumaga
қоғоз
pisat'
ёзмоқ
ručka
ручка
pis'mennyj stol
иш столи
linejka
линейка
kniga
китоб
učenik
ўқувчи

ranec

осма сумка

penal

қаламдон

karandaš

қалам

točilka

қалам учлагич

lastik

ўчиргич

al'bom dlâ risovaniâ

расм албоми

2 škola - мактаб

risunok

чизмачилик

kistočka

бўёқ чўтка

korobka krasok

бўёқдон

nožnicy

қайчи

klej

елим

tetrad'

машғулот дафтари

domašnââ rabota

уй иши

cyfra

рақам

pribavlât'

қўшмоқ

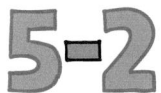

vyčitat'

айирмоқ

umnožat'

кўпайтирмоқ

sčitat'

ҳисобламоқ

bukva

хат

alfavit

алифбо

slovo

сўз

škola - мактаб

tekst
матн

čitat'
ўқимоқ

mel
бўр

urok
дарс

klassnyj žurnal
журнал

èkzamen
имтиҳон

diplom
гувоҳнома

škol'naâ forma
мактаб формаси

obrazovanie
таълим

èncyklopediâ
қомус

universitet
олийгоҳ

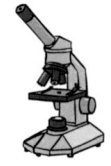
mikroskop
микроскоп

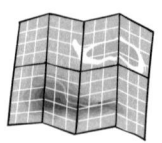
karta
харита

korzina dlâ bumag
урна

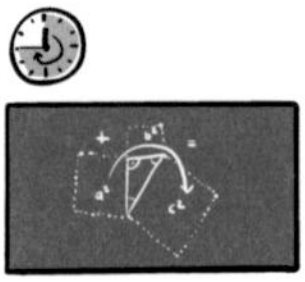

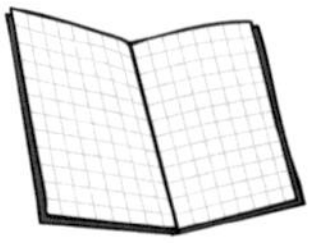

škola - мактаб

putešestvie
саёҳат

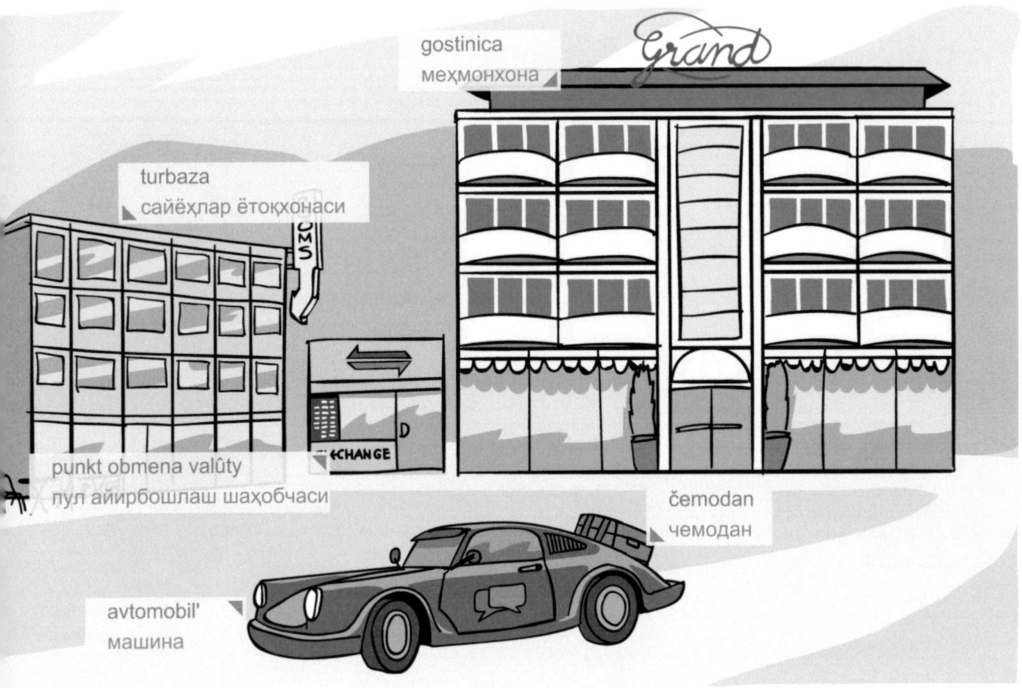

gostinica
меҳмонхона

turbaza
сайёҳлар ётоқхонаси

punkt obmena valûty
пул айирбошлаш шаҳобчаси

čemodan
чемодан

avtomobil'
машина

âzyk

тил

da / net

ҳа / йўқ

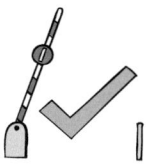

horošo

Хўп

Privet

салом

perevodčik

таржимон

Spasibo

Раҳмат

putešestvie - саёҳат

Skol'ko stoit…?

неча пул...?

Â ne ponimaû

Тушунмадим

problema

муаммо

Dobryj večer!

Хайрли кеч!

Dobroe utro!

Хайрли тонг!

Dobroj noči!

Хайрли тун!

Do svidaniâ

кўришгунча

napravlenie

йўналиш

bagaž

йўловчи юки

sumka

сафархалта

rûkzak

юк халта

gost'

меҳмон

komnata

хона

spal'nyj mešok

уйқуқоп

palatka

чодир

turističeskaâ informacyâ

саёҳларга маълумот бериш столи

plâž

пляж

kreditnaâ kartočka

омонат карта

zavtrak

нонушта

obed

нонушта

užyn

кечки овқат

bilet

чипта

lift

лифт

počtovaâ marka

марка

granica

чегара

tamožnâ

божхона

posol'stvo

элчихона

viza

виза

pasport

паспорт

putešestvie - саёҳат

transport
транспорт

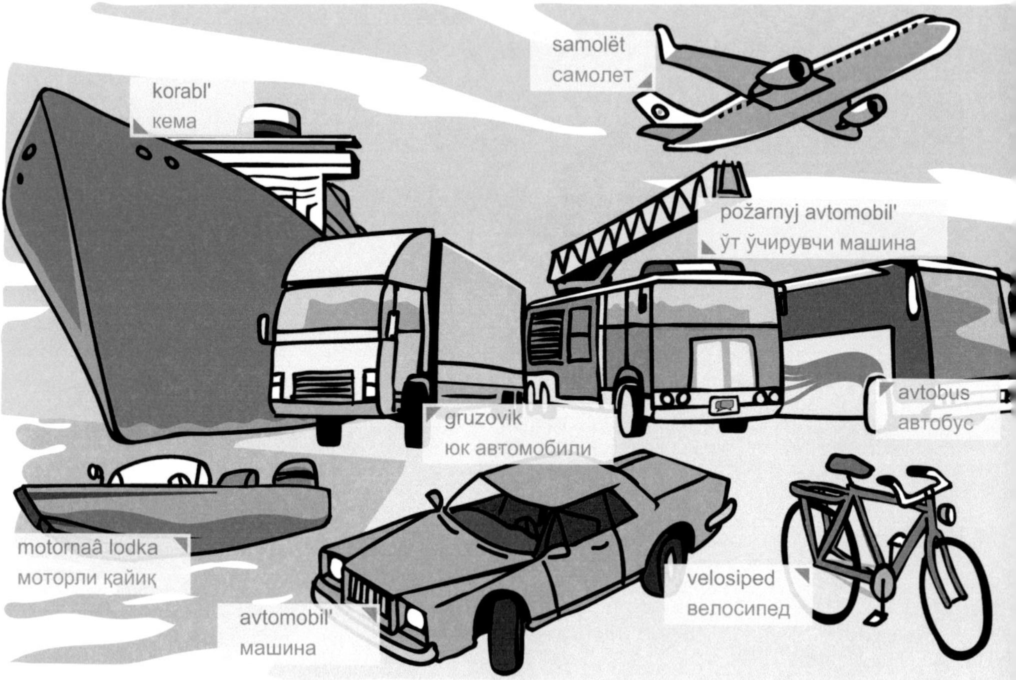

samolët
самолет

korabl'
кема

požarnyj avtomobil'
ўт ўчирувчи машина

gruzovik
юк автомобили

avtobus
автобус

motornaâ lodka
моторли қайиқ

avtomobil'
машина

velosiped
велосипед

parom
солсимон ясси кема

lodka
қайиқ

motocykl
мотоцикл

policejskij avtomobil'
посбон машинаси

gonočnyj avtomobil'
пойга машинаси

arendovannyj avtomobil'
ижарага олинган автоулов

sovmestnoe pol'zovanie avtomobilâmi
автоижара

buksirovočnyj avtomobil'
шатакка олувчи юк автомобили

musorovoz
ахлат машинаси

dvigatel'
мотор

toplivo
ёқилғи

zapravka
ёқилғи қуйиш шаҳобчаси

dorožnyj znak
йўл белгиси

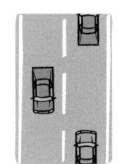

dviženie
йўл ҳаракати

probka
тирбанд

avtostoânka
автомобил тўхтаб туриш жойи

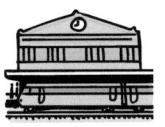

vokzal
поезд бекати

rel'sy
рельс

poezd
поезд

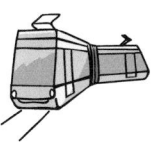

tramvaj
трамвай

vagon
вагон

transport - транспорт

vertolët
вертолёт

aèroport
аэропорт

vyška
минора

passažyr
йўловчи

kontejner
контейнер

korobka
қоғоз қути

teležka
аравача

korzina
сават

vzletat' / prizemlât'sâ
учмоқ / қўнмоқ

gorod
шаҳар

derevnâ
қишлоқ

centr goroda
шаҳар маркази

dom
уй

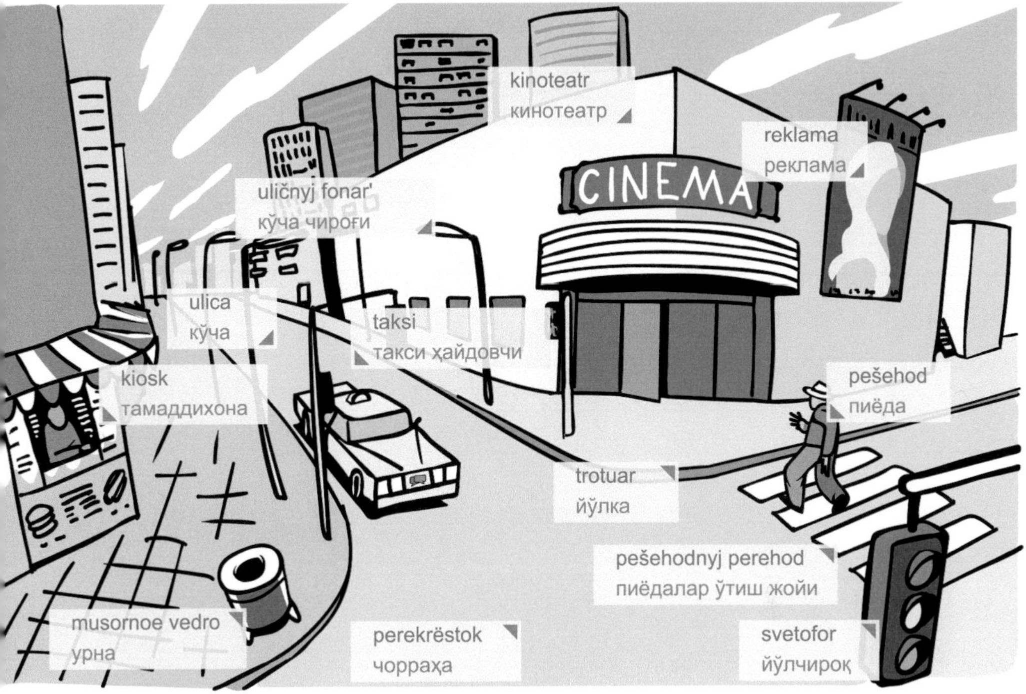

kinoteatr
кинотеатр

reklama
реклама

uličnyj fonar'
кўча чироғи

ulica
кўча

taksi
такси ҳайдовчи

pešehod
пиёда

kiosk
тамаддихона

trotuar
йўлка

pešehodnyj perehod
пиёдалар ўтиш жойи

musornoe vedro
урна

perekrëstok
чорраҳа

svetofor
йўлчироқ

hižyna
кулба

kvartira
квартира

vokzal
поезд бекати

ratuša
маҳаллий ҳокимият биноси

muzej
музей

škola
мактаб

gorod - шаҳар

universitet

олийгоҳ

bank

банк

bol'nica

шифохона

gostinica

меҳмонхона

apteka

дорихона

ofis

идора

knižnyj magazin

китоб дўкони

magazin

дўкон

cvetočnyj magazin

гул дўкони

supermarket

супермаркет

rynok

бозор

univermag

универмаг

torgovec ryboj

балиқ дўкони

torgovyj centr

савдо маркази

port

бандаргоҳ

gorod - шаҳар

park

истироҳат боғи

skamejka

банк

most

кўприк

lestnica

зинапоя

metro

метро

tonnel'

ер ости йўли

avtobusnaâ ostanovka

автобус бекати

bar

бар

restoran

ресторан

počtovyj âŝik

почта қутиси

tablička s nazvaniem ulicy

кўча ёзув осма тахтаси

parkometr

тўхтаб туриш вақтини ҳисоблагич

zoopark

ҳайвонот боғи

bassejn

бассейн

mečet'

масжид

ferma

чорвачилик хўжалиги

zagrâznenie okružaûŝej sredy

атроф-муҳит ифлосланиши

kladbiŝe

қабристон

cerkov'

ибодатхона

detskaâ ploŝadka

болалар ўйингоҳи

hram

эҳром

landšaft

манзара

list
япроқ
dorožnyj ukazatel'
йўлкўрсатгич
doroga
йўл
lug
ўтлоқ
kamen'
тош
putešestvennik
пиёда сайёҳ
derevo
дарахт
reka
дарё
trava
майса
cvetok
гул

14 landšaft - манзара

dolina	gora	ozero
водий	қир	кўл
	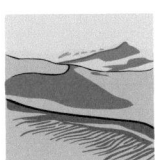	
les	pustynâ	vulkan
ўрмон	чўл	вулкан

zamok	raduga	grib
қалъа	камалак	қўзиқорин

pal'ma	komar	muha
пальма дарахти	пашша	чивин

muravej	pčela	pauk
чумоли	асалари	ўргимчак

landšaft - манзара

žuk

қўнғиз

lâguška

қурбақа

belka

олмахон

ež

типратикон

zaâc

қуён

sova

укки

ptica

қуш

lebed'

оққуш

kaban

эркак чўчқа

olen'

буғу

los'

бутоқ шохли кийик

plotina

тўғон

vetrânoj generator

шамол генератори

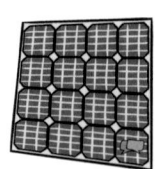

solnečnaâ batareâ

қуёш батареяси

klimat

иқлим

landšaft - манзара

restoran
ресторан

oficyant
официант

menû
таомнома

stul
стул

sup
шўрва

picca
пицца

stolovye pribory
ошхона анжомлари

skatert'
дастурхон

zakuska
газак

glavnoe blûdo
асосий таом

desert
десерт

napitki
ичимликлар

eda
таом

butylka
бутилка

restoran - ресторан

17

fastfud

тез пишар таом

uličnaâ eda

кўча таоми

čajnik

чойнак

saharnica

шакардон

porcyâ

порция

kofevarka

эспрессо кофе машинаси

detskij stul'čik

болалар курсичаси

sčet

ҳисоб

podnos

лаган

nož

пичоқ

vilka

санчқи

ložka

қошиқ

čajnaâ ložka

чой қошиқ

salfetka

қўл сочиқ

stakan

стакан

tarelka

ликоп

supovaâ tarelka

шўрва коса

blûdce

тақсимча

sous

қайла

solonka

туздон

mel'nica dlâ perca

қалампир янчгич

uksus

сирка

maslo

ёғ

specyi

зираворлар

ketčup

кетчуп

gorčica

хантал

majonez

майонез

supermarket
супермаркет

specyal'noe predloženie
чегирма
pokupatel'
мижоз
moločnye produkty
сут маҳсулотлари
frukty
мева
teležka dlâ pokupok
харид араваси

mâsnoj magazin

қассобхона

pekarnâ

нонвойхона

vzvešyvat'

тарозида ўлчамоқ

ovoŝi

сабзавот

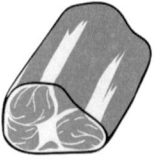

mâso

гўшт

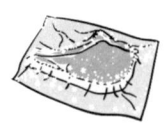

bystrozamorožennye produkty

музлатилган таомлар

narezka

яхна гўшт

konservy

консерва

stiral'nyj porošok

кир ювиш воситаси

sladosti

ширинликлар

predmet domašnego obihoda

кундалик истеъмол моллар

moûŝee sredstvo

ювиш воситалари

prodavŝica

сотувчи

kassa

касса аппарати

kassir

ғазначи

spisok pokupok

харид рўйхати

vremâ raboty

иш вақти

bumažnik

ҳамён

kreditnaâ kartočka

омонат карта

sumka

халта

poliètilenovyj paket

целлофан халта

napitki
ичимликлар

voda
сув

sok
шарбат

moloko
сут

koka-kola
кока-кола

vino
вино

pivo
пиво

alkogol'
спиртли ичимлик

kakao
какао

čaj
чой

kofe
кофе

èspresso
эспрессо

kapučino
капучино

eda
таом

banan
банан

âbloko
олмахон

apel'sin
апельсин

arbuz
қовун

limon
лимон

morkov'
сабзи

česnok
саримсоқ

bambuk
бамбук

luk
пиёз

grib
қўзиқорин

orehi
ёнғоқ

lapša
лағмон

spagetti	ris	salat
спагетти	гуруч	салат

kartofel' fri	žarenyj kartofel'	picca
картошка-фри	қовурилган картошка	пицца

gamburger	sèndvič	šnicel'
гамбургер	сэндвич	тўқмоқланган тўш қиймаси

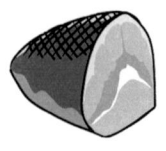

vetčina	salâmi	kolbasa
дудланган чўчқа гўшти	салями колбасаси	сосиска

kurica	žarkoe	ryba
товуқ гўшти	қовурилган	балиқ

ovsânye hlop'â

сули бўтқаси

mûsli

мюсли

kukuruznye hlop'â

маккажўхори ёрмаси

muka

ун

kruassan

француз булочкаси

buločka

булочка

hleb

нон

tost

қизартирилган нон бўлаги

pečen'e

пишириқ

maslo

сариёғ

tvorog

творог

pirog

пирог

âjco

тухум

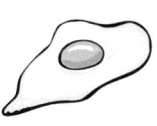

âičnica

қовурилган тухум

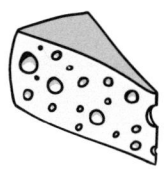

syr

пишлоқ

moroženoe

музқаймоқ

sahar

шакар

mëd

асал

marmelad

мураббо

krem s nugoj

шоколад пастаси

karri

зарчава

eda - таом

ferma
чорвачилик хўжалиги

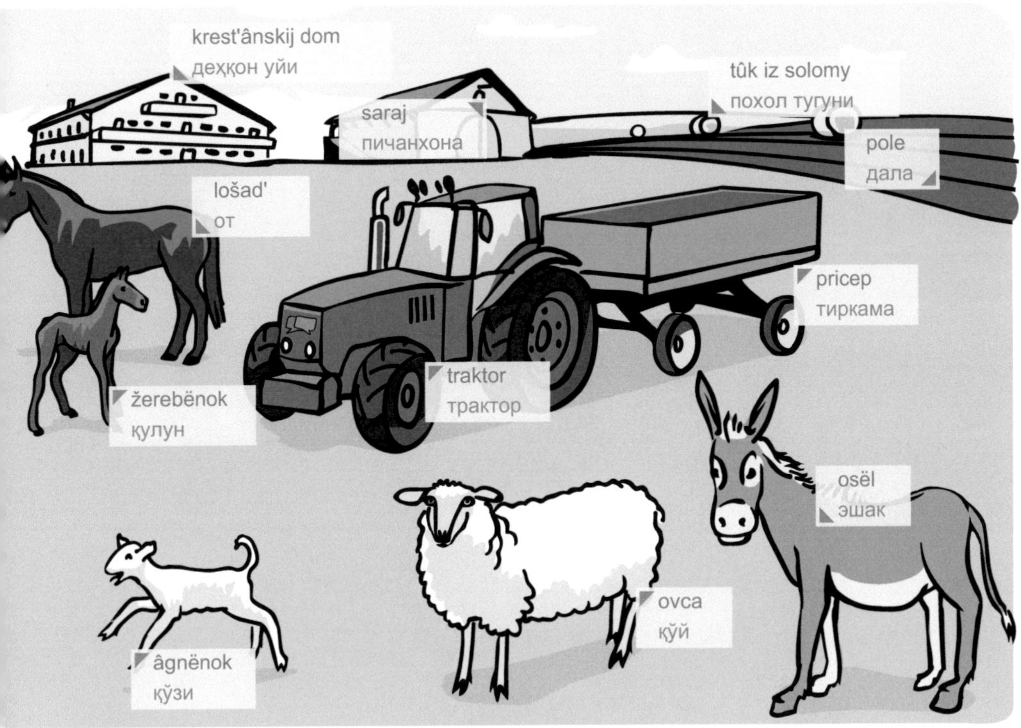

krest'ânskij dom
деҳқон уйи

saraj
пичанхона

tûk iz solomy
похол тугуни

pole
дала

lošad'
от

pricep
тиркама

žerebënok
қулун

traktor
трактор

osël
эшак

ovca
қўй

âgnënok
қўзи

koza
эчки

korova
сигир

telënok
бузоқ

svin'â
чўчқа

porosënok
чўчқа боласи

byk
буқа

gus'

ғоз

utka

ўрдак

cyplënok

жўжа

kurica

товуқ

petuh

хўроз

krysa

каламуш

koška

мушук

myš'

сичқон

vol

ҳўкиз

sobaka

ит

konura

каталак

sadovyj šlang

ҳовли боғ шланги

lejka

гулчелак

kosa

белўроқ

plug

темир омоч

serp

қўлўроқ

motyga

чопқи

navoznye vily

паншаха

topor

болта

tačka

ғалтакарава

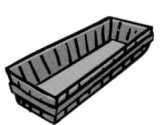

koryto

охур

bidon dlâ moloka

сут бидони

mešok

тўрва

zabor

панжара

hlev

оғилхона

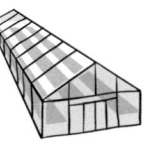

teplica

иссиқхона

počva

тупроқ

posev

уруғ

udobrenie

ўғит

kombajn

комбайн

ferma - чорвачилик хўжалиги

sobirat' urožaj
ҳосил олмоқ

urožaj
йиғим-терим

âms
ямс

pšenica
буғдой

soâ
соя

kartofel'
картошка

kukuruza
маккажўхори

raps
рапс уруғи

fruktovoe derevo
мевали дарахт

maniok
маниок

zlaki
ёрма

dom

уй

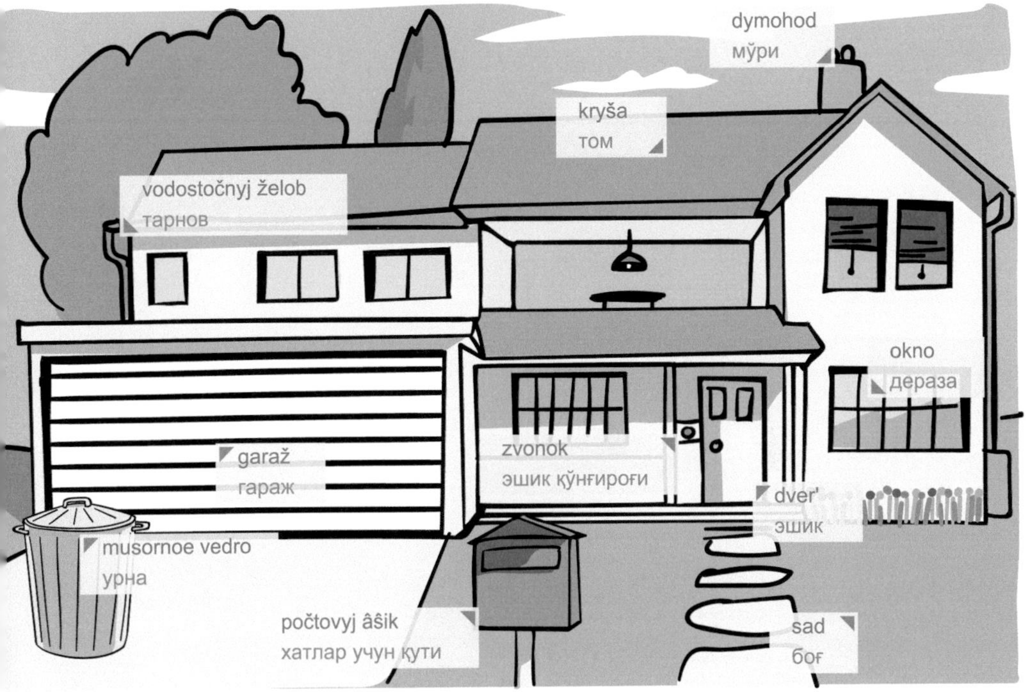

dymohod
мўри
kryša
том
vodostočnyj želob
тарнов
okno
дераза
garaž
гараж
zvonok
эшик қўнғироғи
dver'
эшик
musornoe vedro
урна
počtovyj âŝik
хатлар учун қути
sad
боғ

gostinaâ

меҳмонхона

vannaâ komnata

ваннахона

kuhnâ

ошхона

spal'nâ

ётоқхона

detskaâ komnata

болалар хонаси

stolovaâ

ошхона

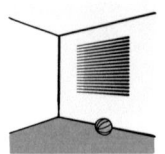

pol

пол

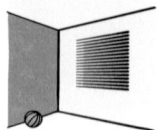

stena

девор

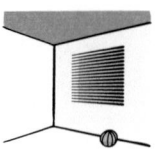

potolok

шип

podval

подвал

sauna

сауна

balkon

болохона айвони

terrasa

айвон

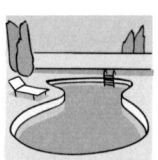

bassejn

бассейн

gazonokosilka

ўт ўргич машина

pododeâl'nik

кўрпажилд

pokryvalo

чойшаб

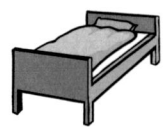

krovat'

кроват

metla

супурги

vedro

пақир

vyklûčatel'

мурват

dom - уй

gostinaâ
меҳмонхона

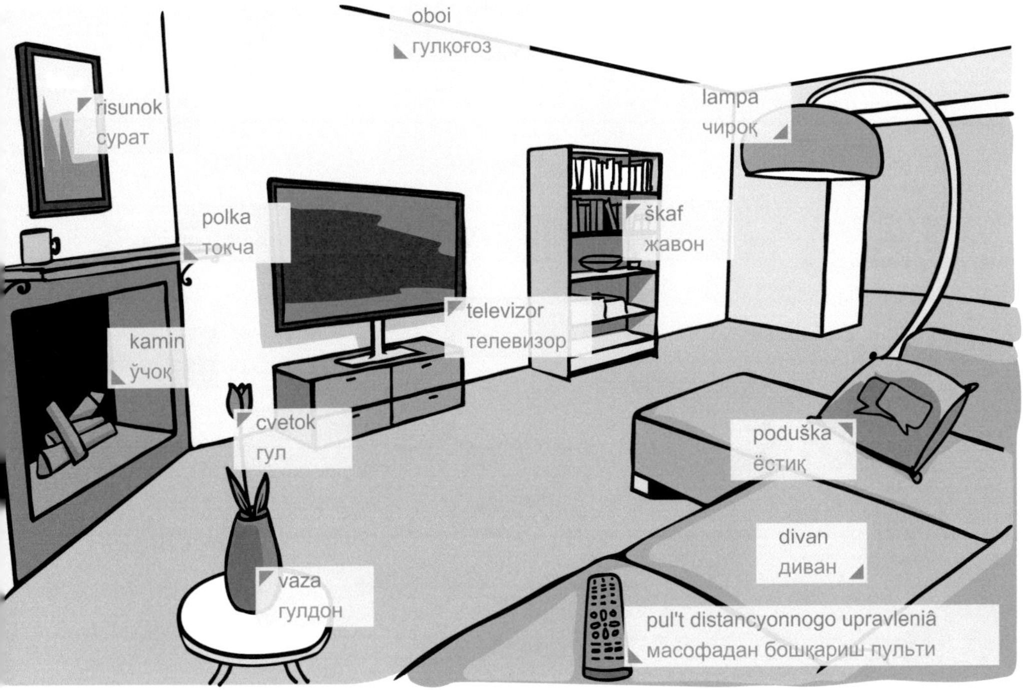

- oboi / гулқоғоз
- risunok / сурат
- lampa / чироқ
- polka / токча
- škaf / жавон
- kamin / ўчоқ
- televizor / телевизор
- cvetok / гул
- poduška / ёстиқ
- vaza / гулдон
- divan / диван
- pul't distancyonnogo upravleniâ / масофадан бошқариш пульти

kovër
гилам

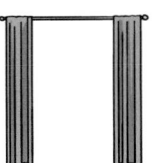

štora
парда

stol
стол

stul
стул

kreslo-kačalka
тебранма курси

kreslo
кресло

kniga
китоб

pokryvalo
кўрпа

ukrašenie
ҳашам

drova
ўтин

fil'm
кино

stereosistema
стерео қурилма

klûč
калит

gazeta
рўзнома

kartina
расм

plakat
плакат

radio
радио

bloknot
ён дафтар

pylesos
чанг ютгич

kaktus
кактус

sveča
шам

gostinaâ - меҳмонхона

kuhnâ
ошхона

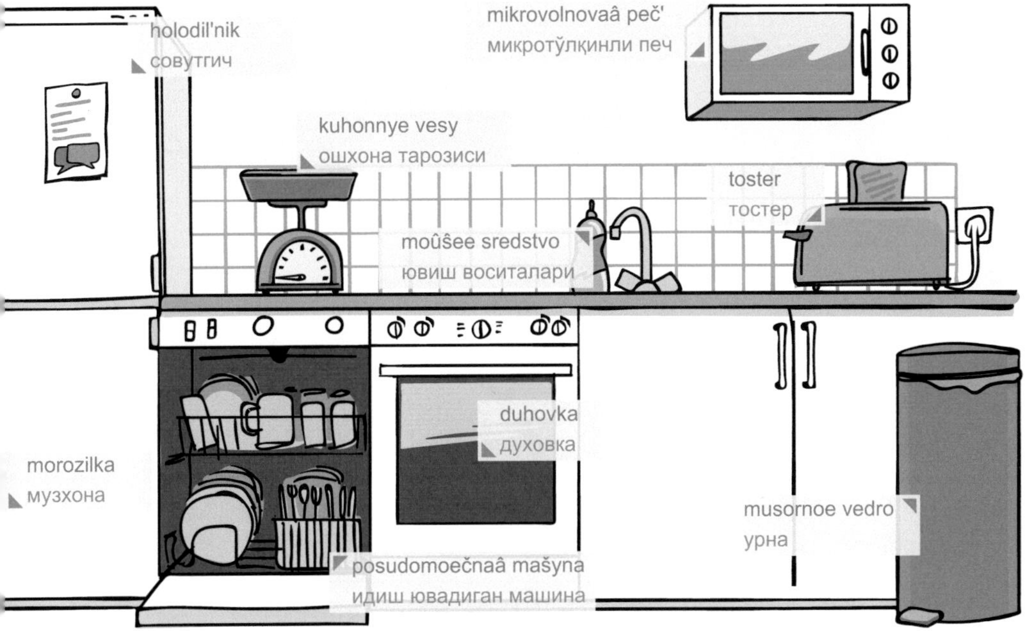

holodil'nik
совутгич

mikrovolnovaâ peč'
микротўлқинли печ

kuhonnye vesy
ошхона тарозиси

toster
тостер

moûŝee sredstvo
ювиш воситалари

duhovka
духовка

morozilka
музхона

musornoe vedro
урна

posudomoečnaâ mašyna
идиш ювадиган машина

plita
плита

kastrûlâ
кастрюль

čugunnyj kotelok
чўян қозон

vok / kadaj
бўртма тубли това

skovoroda
това

čajnik
човгун

kuhnâ - ошхона

parovarka

мантиқасқон

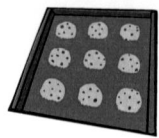

protiven'

тунука това

posuda

идиш

kružka

кружка

miska

коса

paločki dlâ edy

таом ейиш таёқчалари

polovnik

чўмич

lopatka

куракча

sbivalka

кўпиртиргич

sito

элак

sito

элак

tërka

қирғич

stupka

ҳовонча

gril'

гриль

kostër

олов

kuhnâ - ошхона

doska

оштахта

skalka

жува

štopor

пармасимон тиқин очгич

žestânaâ banka

консерва

konservnyj nož

консерва очгич

prihvatka

тутгич

rakovina

унитаз

ŝetka

идиш чўтка

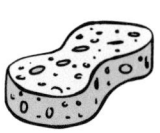

gubka

қозонсочиқ

mikser

қориштиргич

morozil'naâ kamera

музлатгич

butyločka dlâ kormleniâ

сўрғичли чақалоқ бутилкаси

kran

кран

vannaâ komnata
ваннахона

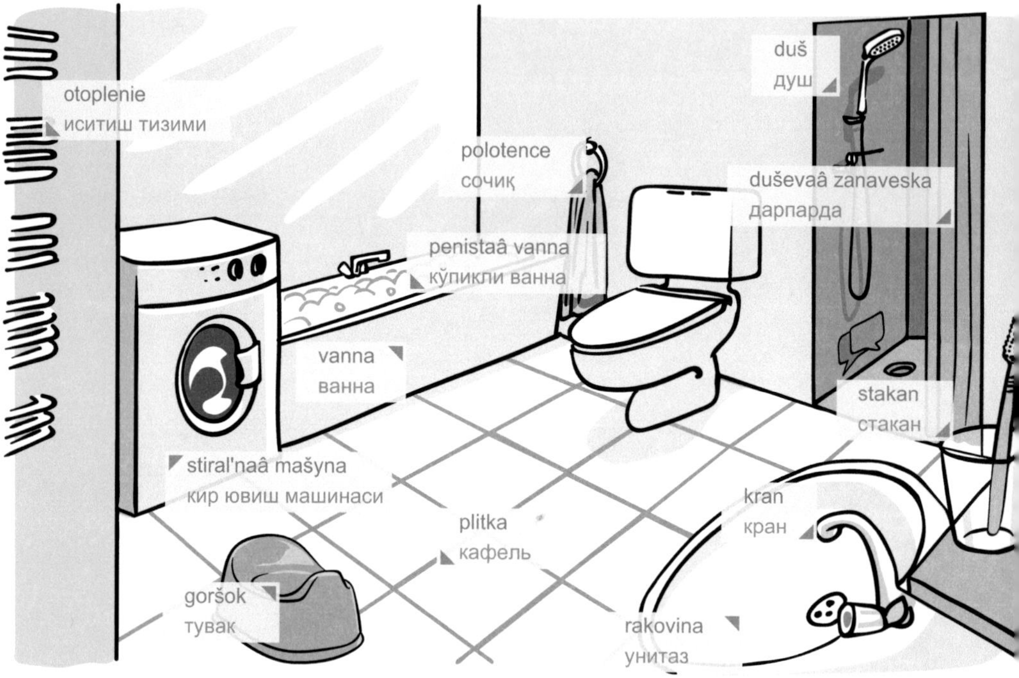

otoplenie
иситиш тизими

polotence
сочиқ

duš
душ

penistaâ vanna
кўпикли ванна

duševaâ zanaveska
дарпарда

vanna
ванна

stakan
стакан

stiral'naâ mašyna
кир ювиш машинаси

plitka
кафель

kran
кран

goršok
тувак

rakovina
унитаз

tualet
ҳожатхона

napol'nyj unitaz
полга ўрнатиладиган унитаз

bide
таҳоратдон

pissuar
сийдик унитази

tualetnaâ bumaga
ҳожатхона қоғози

eršyk
ҳожатхона чўткаси

zubnaâ šetka

тиш чўтка

zubnaâ pasta

тиш пастаси

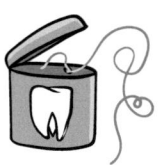

zubnaâ nit'

тиш тозалагич ип

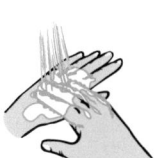

myt'

ювмоқ

ručnoj duš

дастакли душ

intimnyj duš

таҳорат учун душ

taz

тоғора

šetka dlâ spiny

елка қашлайдиган чўтка

mylo

совун

gel' dlâ duša

душ учун гель

šampun'

шампунь

močalka

мочалка

stok

қувур

krem

крем

dezodorant

дезодарант

vannaâ komnata - ваннахона

zerkalo

кўзгу

ručnoe zerkalo

қўл кўзгуси

britva

устара

pena dlâ brit'â

устара учун кўпик

los'on posle brit'â

салқинлантирувчи бальзам

rasčeska

тароқ

ŝetka

чўтка

fen

фен

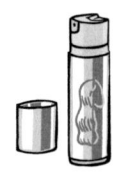

lak dlâ volos

соч учун лак

kosmetika

пардоз-андоз

gubnaâ pomada

лаб учун помада

lak dlâ nogtej

тирноқ лаки

vata

пахта

manikûrnye nožnicy

тирноқ қайчиси

duhi

духи

kosmetička
пардоз-андоз халтаси

taburetka
курси

vesy
тарози

halat
чўмилиш халати

rezinovye perčatki
резина қўлқоп

tampon
тампон

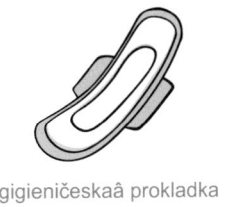
gigieničeskaâ prokladka
гигиеник таглик

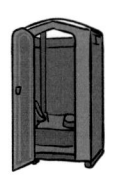
biotualet
биоҳожатхона

vannaâ komnata - ваннахона

detskaâ komnata
болалар хонаси

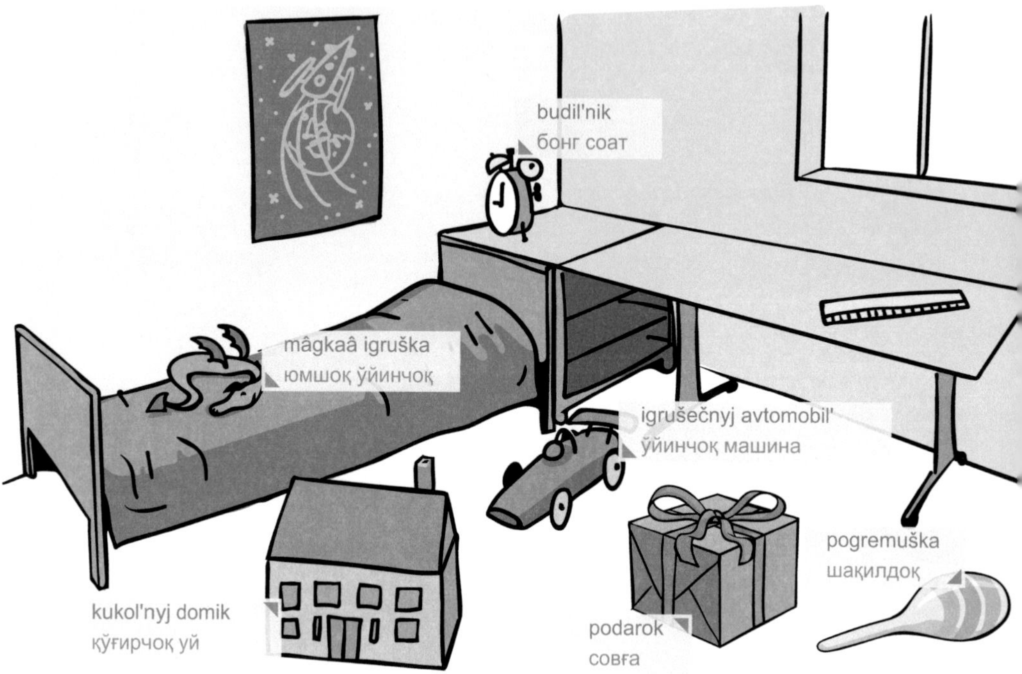

budil'nik
бонг соат
mâgkaâ igruška
юмшоқ ўйинчоқ
igrušečnyj avtomobil'
ўйинчоқ машина
pogremuška
шақилдоқ
kukol'nyj domik
қўғирчоқ уй
podarok
совға

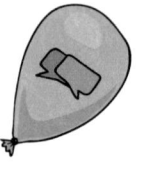

vozdušnyj šar

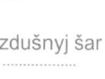

шар

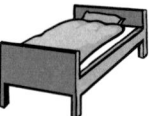

krovat'

кроват

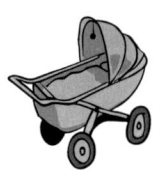

detskaâ kolâska

болалар аравачаси

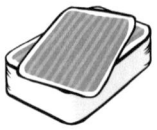

kartočnaâ igra

карта тўплами

pazl

терма тасвир

SUPER MEGA

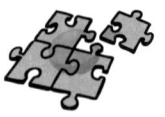

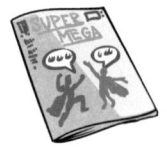

komiks

кулгили саҳна асари

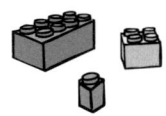

kirpičiki Lego

лего ғиштлари

kubiki

ўйинчоқ кубиклар

igrušečnaâ figurka

ўйинчоқ қаҳрамон

polzunki

ползунка

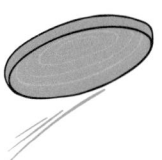

frisbi

учар ликопча

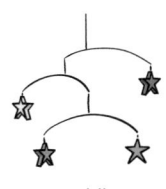

mobile

осма шақилдоқ

nastol'naâ igra

стол ўйини

kubik

ошиқ

model' železnoj dorogi

поезд макети

soska

сўрғич

večerinka

ўтириш

kniga s kartinkami

расмли китоб

mâč

копток

kukla

қўғирчоқ

igrat'

ўйнамоқ

pesočnica
қумдон

kačeli
арғимчоқ

igruška
ўйинчоқлар

igrovaâ pristavka
ўйин приставкаси

trëhkolesnyj velosiped
уч ғилдиракли велосипед

plûševyj medvežonok
бахмал айиқ

škaf dlâ odeždy
кийим шкафи

odežda
кийим

noski
пайпоқ

čulki
чулки

kolgotki
колготка

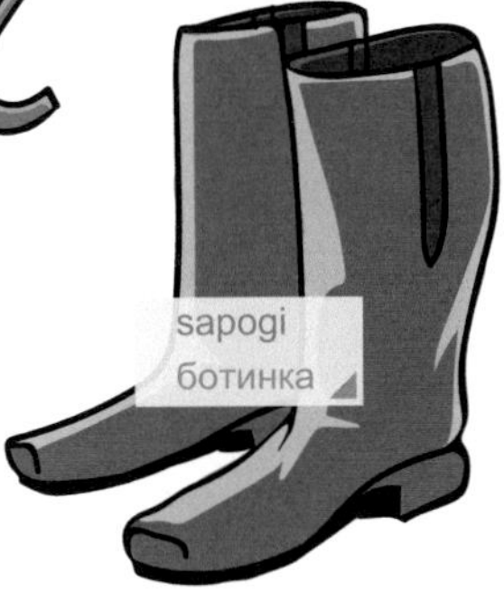

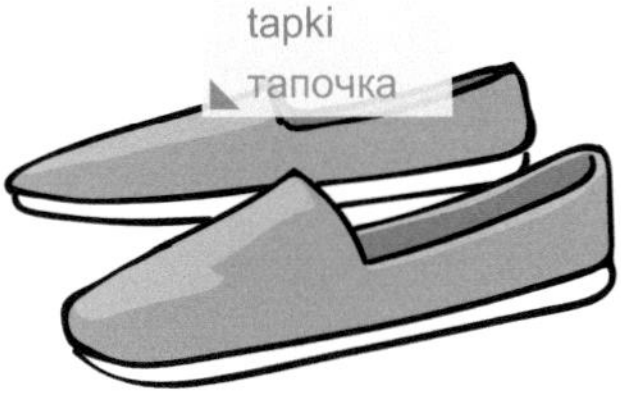

šarf
шарф

zontik
соябон

futbolka
футболка

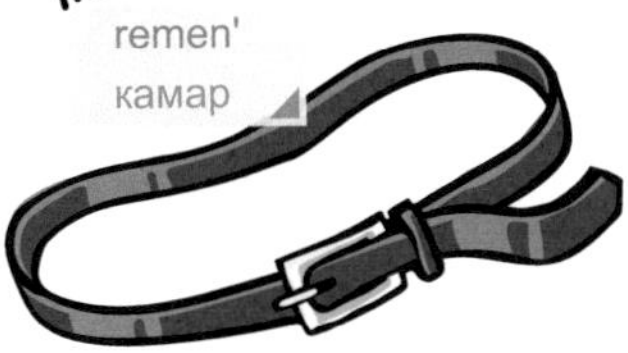

remen'
камар

sapogi
ботинка

tapki
тапочка

krossovki
кроссовка

sandalii

шиппак

botinki

туфли

rezinovye sapogi

резина этик

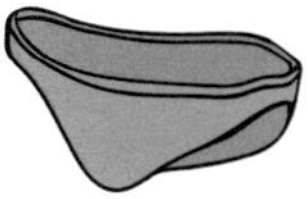

trusy

тор турсик

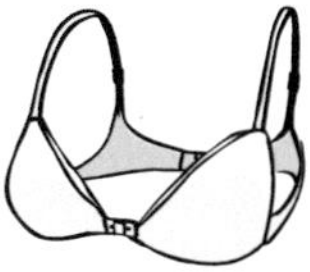

bûstgal'ter

кўкракпеч

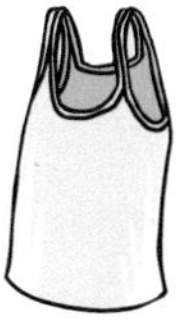

majka

майка

odežda - кийим

bodi
боди

brûki
иштон

džynsy
жинси

ûbka
юбка

bluzka
кофта

rubaška
кўйлак

sviter
жемпер

sviter
узун чакмон

sportivnaâ kurtka
спорт бичимидаги пиджак

žaket
куртка

pal'to
пальто

plaŝ
плаш

kostûm
либос

plat'e
кўйлак

svadebnoe plat'e
келин кўйлак

mužskoj kostûm

костюм шим

nočnaâ soročka

тунги кўйлак

pižama

пижама

sari

сари

platok

шолрўмол

tûrban

салла

parandža

паранжи

kaftan

чакмон

abajâ

абая

kupal'nik

чўмилиш костюми

plavki

турсик

šorty

шортик

sportivnyj kostûm

спорт костюми

fartuk

фартук

perčatki

қўлқоп

odežda - кийим

pugovica

тугма

očki

кўзойнак

braslet

билагузук

cepočka

мунчоқ

kol'co

узук

ser'ga

сирға

šapka

кепка

vešalka

пальто илгак

šlâpa

шляпа

galstuk

бўйинбоғ

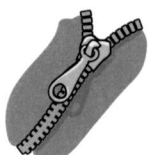

zastežka molniâ

замок

šlem

дубулға

podtâžki

шим тортгич

škol'naâ forma

мактаб формаси

forma

форма

detskij nagrudnik
ошхӯрак

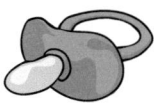
soska
сӯрғич

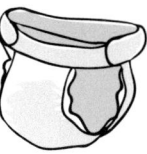
podguznik
таглик

ofis
идора

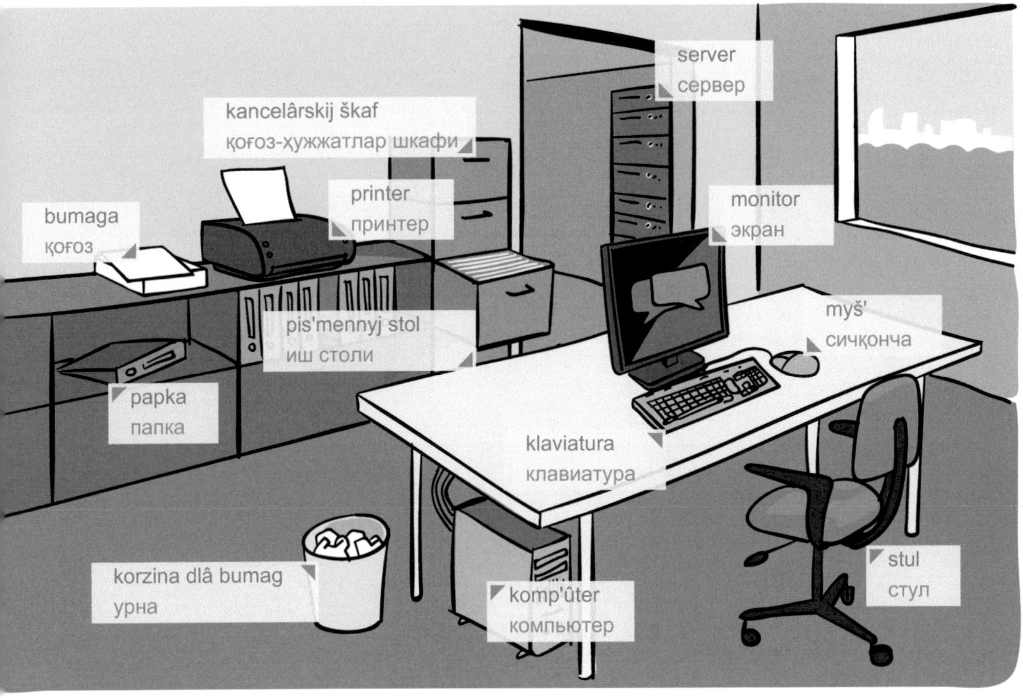

bumaga — қоғоз
kancelârskij škaf — қоғоз-ҳужжатлар шкафи
printer — принтер
server — сервер
monitor — экран
pis'mennyj stol — иш столи
myš' — сичқонча
papka — папка
klaviatura — клавиатура
korzina dlâ bumag — урна
komp'ûter — компьютер
stul — стул

kofejnaâ kružka
кофе кружкаси

kal'kulâtor
калькулятор

internet
интернет

noutbuk
ноутбук

pis'mo
хат

soobŝenie
мактуб

mobil'nyj telefon
уяли телефон

set'
тармоқ

kseroks
нусха кўчиргич

programma
дастур

telefon
телефон

rozetka
розетка

faks
факс

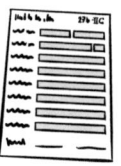
formulâr
шакллар

dokument
ҳужжат

èkonomika
иқтисод

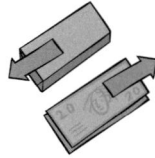
pokupat'
харид қилмоқ

platit'
тўламоқ

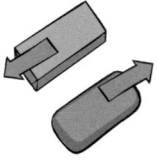
torgovat'
савдолашмоқ

den'gi
пул

dollar
доллар

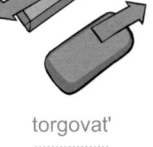

evro
евро

iena
йен

rubl'
рубль

frank
швейцар франки

žèn'min'bi ûan'
Жэньминьби хитой юани

rupiâ
рупи

bankomat
банкомат

punkt obmena valûty

пул айирбошлаш шаҳобчаси

zoloto

олтин

serebro

кумуш

neft'

нефт

ènergiâ

энергия

cena

нарх

dogovor

шартнома

nalog

солиқ

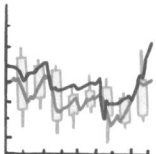

akcyâ

акция

rabotat'

ишламоқ

služaŝij

ишчи

rabotodatel'

иш берувчи

fabrika

завод

magazin

дўкон

èkonomika - иқтисод

professii
касблар

milicyoner
полициячи

požarnyj
ўт ўчирувчи

povar
ошпаз

vrač
шифокор

pilot
учувчи

sadovnik

боғбон

stolâr

дурадгор

šveâ

тикувчи

sud'â

ҳакам

himik

кимёгар

aktër

актёр

professii - касблар

voditel' avtobusa
автобус ҳайдовчиси

taksist
такси ҳайдовчи

rybak
балиқчи

uborŝica
фаррош

krovel'ŝik
том устаси

oficyant
официант

ohotnik
овчи

hudožnik
бўёқчи

pekar'
нонвой

èlektrik
электр устаси

stroitel'
қурувчи

inžener
муҳандис

mâsnik
қассоб

santehnik
сувчи чилангар

počtal'on
почтачи

soldat

аскар

arhitektor

меъмор

kassir

ғазначи

florist

гулчи

parikmaher

сарторош

konduktor

чиптачи

mehanik

механик

kapitan

капитан

zubnoj vrač

тиш шифокори

učenyj

олим

ravvin

яхудийлар руҳонийси

imam

имом

monah

роҳиб

svâŝennik

руҳоний

instrumenty
асбоблар

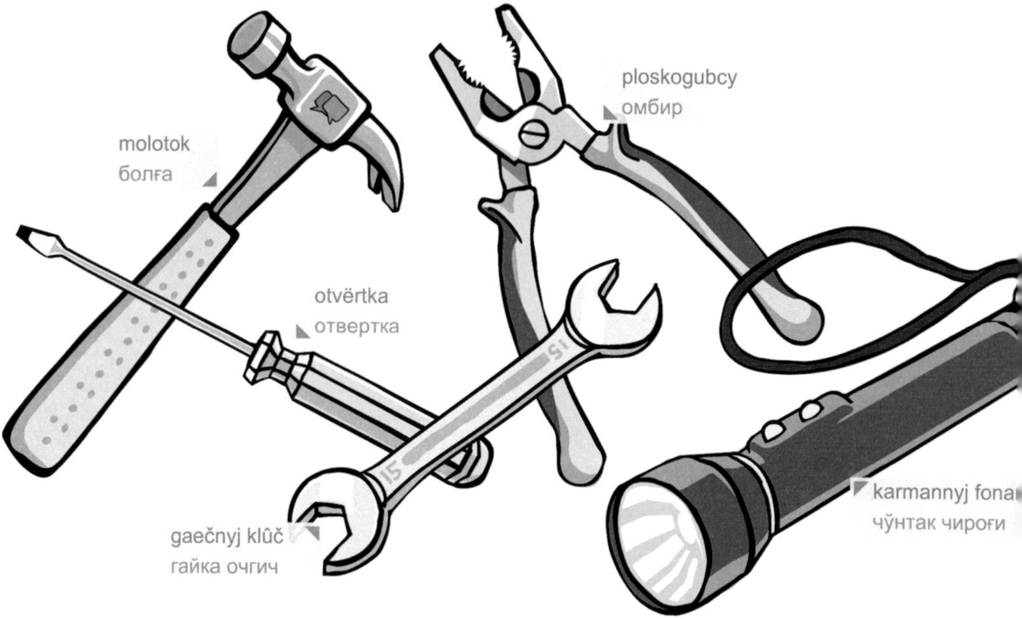

molotok
болға
ploskogubcy
омбир
otvërtka
отвертка
gaečnyj klûč
гайка очгич
karmannyj fona
чўнтак чироғи

èkskavator

экскаватор

âŝik dlâ instrumentov

асбоблар қутиси

stremânka

нарвон

pila

қўларра

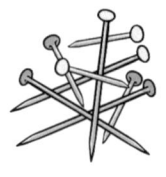

gvozdi

мих

drel'

пармадаста

remontirovat'
тузатмоқ

lopata
белкурак

Blin!
Жин урсин!

sovok
хокандоз

vedro s kraskoj
бўёқ идиш

vinty
бурама мих

muzykal'nye instrumenty
мусиқа асбоблари

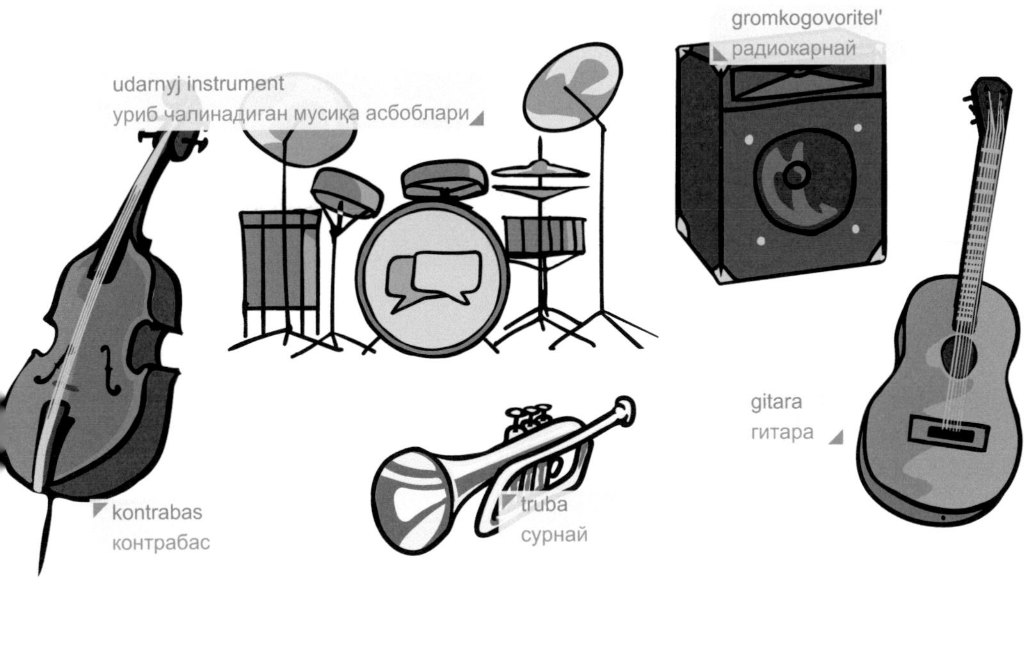

udarnyj instrument
уриб чалинадиган мусиқа асбоблари

gromkogovoritel'
радиокарнай

gitara
гитара

kontrabas
контрабас

truba
сурнай

pianino

пианино

skripka

ғижжак

bas-gitara

бас-гитара

litavry

қўшноғора

baraban

дўмбира

sintezator

клавиатура

saksofon

саксофон

flejta

най

mikrofon

микрофон

zoopark
ҳайвонот боғи

- tigr / арслон
- kletka / қафас
- zebra / зебра
- korm / ем
- vhod / кириш
- panda / панда

žyvotnye
ҳайвонлар

slon
фил

kenguru
кенгуру

nosorog
каркидон

gorilla
горилла

medved'
айиқ

verblûd

туя

straus

туяқуш

lev

шер

obez'âna

маймун

flamingo

фламинго

popugaj

тўти

belyj medved'

оқ айиқ

pingvin

пингвин

akula

акула

pavlin

товус

zmeâ

илон

krokodil

тимсоҳ

služytel' zooparka

ҳайвонот боғи қоровули

tûlen'

тюлень

âguar

ягуар

zoopark - ҳайвонот боғи

poni

тўпичоқ от

leopard

қоплон

begemot

бегемот

žyraf

жирафа

orël

бургут

kaban

эркак чўчқа

ryba

балиқ

čerepaha

тошбақа

morž

морж

lisa

тулки

gazel'

оҳу

zoopark - ҳайвонот боғи 61

sport

спорт ўйинлари

futbol

футбол

badminton

бадминтон

lëgkaâ atletika

енгил атлетика

gandbol

қўлтўпи

lyžnyj sport

чанғи учиш

polo

поло

dejstviâ
машғулот

prygat' / сакрамоқ

smeât'sâ / кулмоқ

obnimat' / қучмоқ

idti / юрмоқ

pet' / куйламоқ

mečtat' / хаёл қилмоқ

molit'sâ / ибодат қилмоқ

celovat' / ўпмоқ

pisat' / ёзмоқ

risovat' / чизмоқ

pokazyvat' / кўрсатмоқ

nažymat' / итармоқ

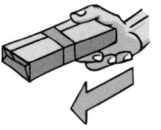

davat' / бермоқ

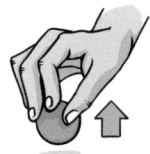

brat' / олмоқ

imet'
эга бўлмоқ

delat'
бажармоқ

byt'
бўлмоқ

stoât'
турмоқ

bežat'
югурмоқ

tânut'
тортмоқ

brosat'
улоқтирмоқ

padat'
йиқилмоқ

ležat'
алдамоқ

ždat'
кутмоқ

nosit'
ташимоқ

sidet'
ўтирмоқ

nadevat'
кийинмоқ

spat'
ухламоқ

prosypat'sâ
уйғонмоқ

dejstviâ - машғулот

rassmatrivat'

қарамоқ

plakat'

йиғламоқ

gladit'

зарба бермоқ

pričesyvat'

тарамоқ

govorit'

гаплашмоқ

ponimat'

тушунмоқ

sprašyvat'

сўрамоқ

slušat'

тингламоқ

pit'

ичмоқ

kušat'

емоқ

navodit' porâdok

йиғиштирмоқ

lûbit'

севмоқ

gotovit'

пиширмоқ

ehat'

ҳайдамоқ

letat'

учмоқ

hodit' pod parusom

кемада сузмоқ

sčitat'

ҳисобламоқ

čitat'

ўқимоқ

učit'sâ

ўрганмоқ

rabotat'

ишламоқ

vstupat' v brak

турмуш қурмоқ

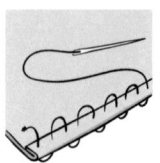

šyt'

тикмоқ

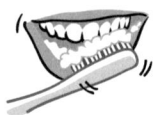

čistit' zuby

тиш ювмоқ

ubivat'

ўлдирмоқ

kurit'

чекмоқ

otpravlât'

йўлламоқ

sem'â
оила

babuška
буви

deduška
бува

papa
ота

mama
она

mladenec
чақалоқ

doč'
қиз

syn
ўғил

gost'

меҳмон

tetâ

амма

dâdâ

тоға

brat

ака

sestra

опа

telo
тана

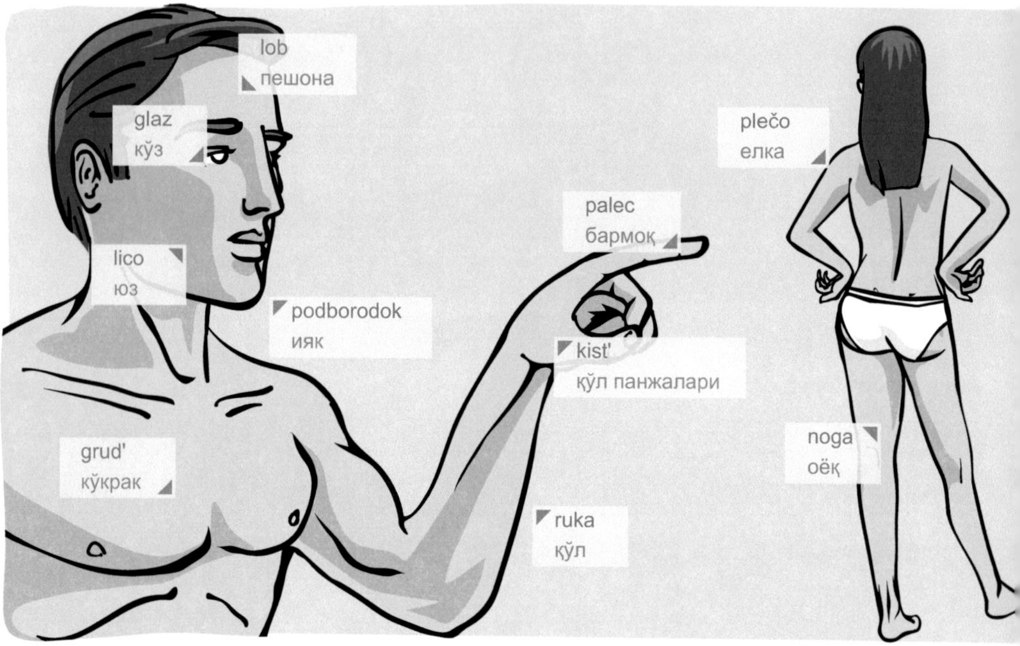

- lob / пешона
- glaz / кўз
- lico / юз
- podborodok / ияк
- grud' / кўкрак
- palec / бармоқ
- kist' / қўл панжалари
- ruka / қўл
- pleĉo / елка
- noga / оёқ

mladenec
чақалоқ

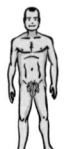

mužčina
одам

ženŝina
аёл

devočka
қиз бола

mal'čik
ўғил бола

golova
бош

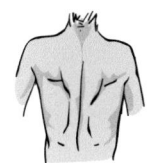
spina
орқа

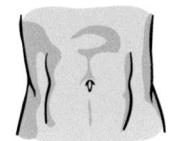
žyvot
қорин

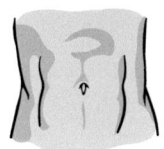
pupok
киндик

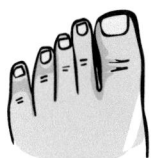
palec nogi
оёқ панжаси

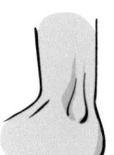
pâtka
товон

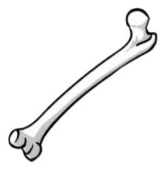
kosť
суяк

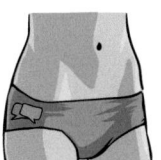
bedro
бел

koleno
тизза

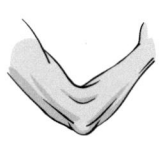
lokoť
тирсак

nos
бурун

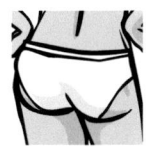
âgodicy
думба

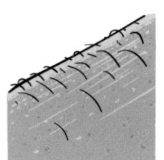
koža
тери

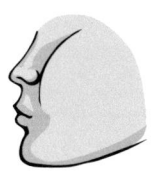
šeka
яноқ

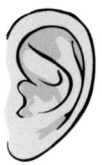
uho
қулоқ

guba
лаб

telo - тана

69

rot

оғиз

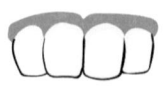

zub

тиш

âzyk

тил

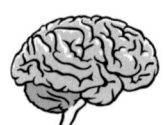

mozg

мия

serdce

юрак

myšca

мушак

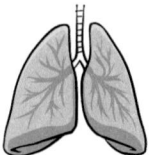

lëgkoe

ўпка

pečen'

жигар

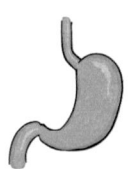

želudok

ошқозон

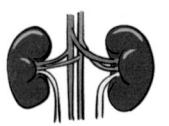

počki

буйрак

polovoj akt

жинсий алоқа

prezervativ

презерватив

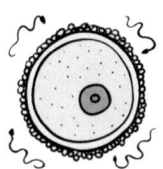

âjcekletka

тухум ҳўжайра

sperma

уруғ

beremennost'

ҳомиладорлик

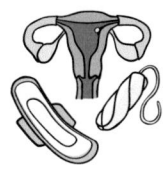

menstruacyâ

ҳайз

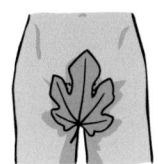

vagina

бачадон

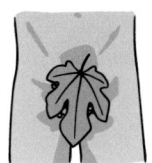

penis

олат

brov'

қош

volosy

соч

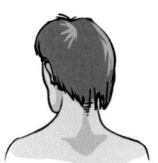

šeâ

бўйин

bol'nica
шифохона

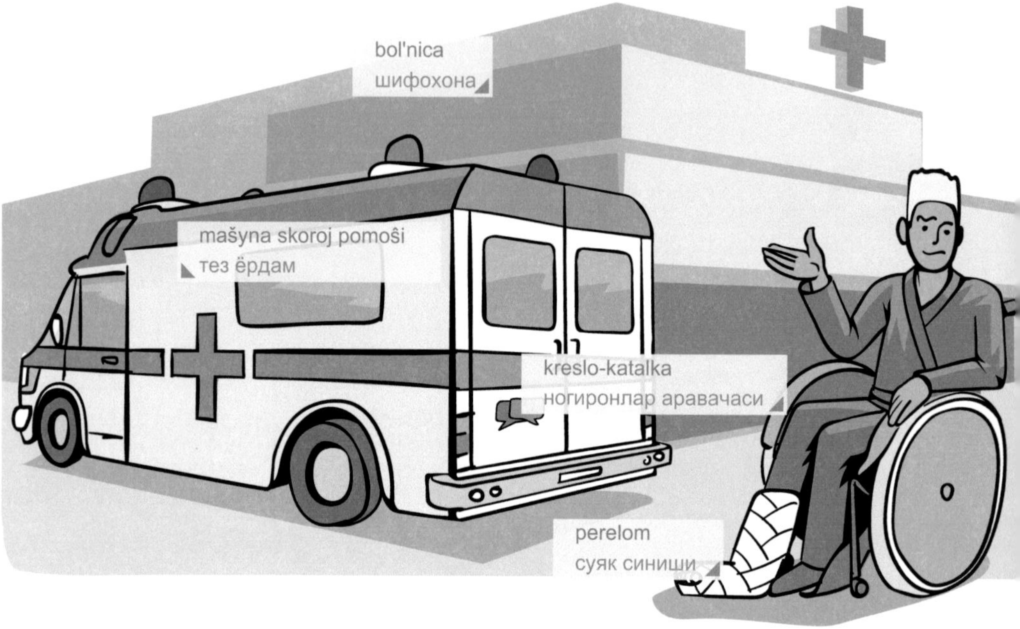

bol'nica
шифохона
mašyna skoroj pomoŝi
тез ёрдам
kreslo-katalka
ногиронлар аравачаси
perelom
суяк синиши

vrač

шифокор

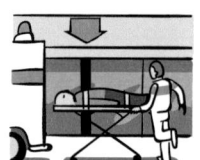

punkt pervoj pomoŝi

Шошилинч тиббий ёрдам кўрсатиш бўлими

medsestra

ҳамшира

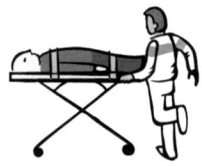

neotložnyj slučaj

тез ёрдам

bez soznaniâ

ҳушсизлик

bol'

оғриқ

72 bol'nica - шифохона

povreždenie

жароҳат

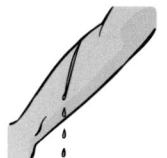

krovotečenie

қонаш

infarkt

юрак хуружи

insul't

инсульт

allergiâ

аллергия

kašel'

йўтал

povyšennaâ temperatura

иситма

gripp

тумов

ponos

ич кетиш

golovnaâ bol'

бош оғриғи

rak

саратон касали

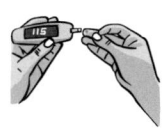

diabet

қандли диабет

hirurg

жарроҳ

skal'pel'

жарроҳ пичоғи

operacyâ

жарроҳлик амалиёти

bol'nica - шифохона

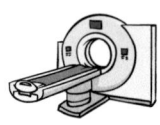
KT
томография

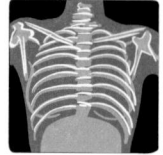
rentgen
рентген

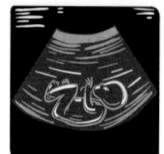
ul'trazvuk
ултратовуш текшируви

maska
юз ниқоби

bolezn'
касаллик

priëmnaâ
қабулхона

kostyl'
қўлтиқтаёқ

plastyr'
малҳамли пластир

bint
бинт

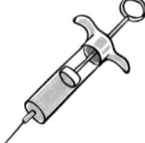
ukol
укол

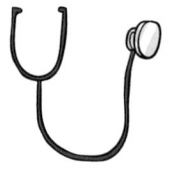
stetoskop
юрак урушини ва ўпкани
эшитиб кўрадиган асбоб

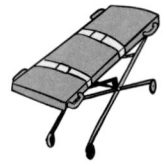
nosilki
беморлар учун замбил

termometr
термометр

roždenie
туғруқ

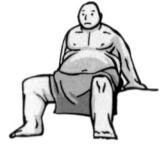
izbytočnyj ves
семизлик

bol'nica - шифохона

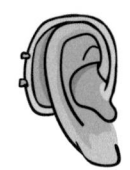

sluhovoj apparat

эшитиш мосламаси

dezinfekcyonnoe sredstvo

дезинфекцияловчи восита

infekcyâ

инфекция

virus

вирус

VIČ / SPID

ОИВ / ОИТС

lekarstvo

дори

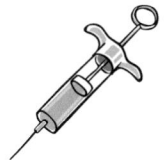

privivka

эмлаш

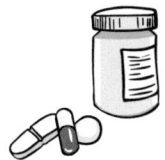

tabletki

таблетка

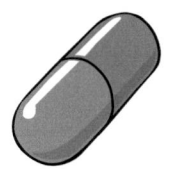

protivozačatočnaâ tabletka

дори

èkstrennyj vyzov

тез ёрдам қўнғироғи

pribor dlâ izmereniâ krovânogo davleniâ

қон босимини ўлчаш асбоби

bol'noj / zdorovyj

касал / соғлом

neotložnyj slučaj

тез ёрдам

Pomogite!

Ёрдам беринглар!

signal trevogi

хавф-хатар ишораси

napadenie

тажовуз

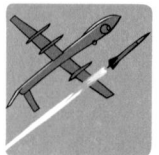

ataka

ҳужум

opasnost'

хавф

zapasnoj vyhod

фавқулодда ҳолатларда чиқиш эшиги

Požar!

Ёнғин!

ognetušytel'

ўт ўчиргич

nesčastnyj slučaj

фалокат

aptečka

биринчи тиббий ёрдам тўплами

SOS

фалокат сигнали

milicyâ

полиция

zemlâ
Ep

Evropa

Европа

Severnaâ Amerika

Шимолий Америка

Ûžnaâ Amerika

Жанубий Америка

Afrika

Африка

Aziâ

Осиё

Avstraliâ

Австралия

Atlantičeskij okean

Атлантик океани

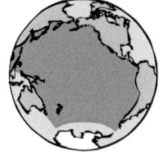

Tihij okean

Тинч океани

Indijskij okean

Ҳинд океани

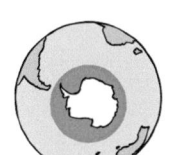

Antarktičeskij okean

Антарктида океани

Severnyj Ledovityj okean

Арктика океани

Severnyj polûs

Шимолий қутб

Ûžnyj polûs

Жанубий қутб

Antarktika

Антарктика

zemlâ

Ер

suša

ўлка

more

денгиз

ostrov

орол

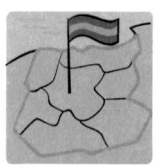

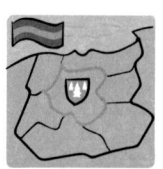

nacyâ

миллат

gosudarstvo

давлат

časy
соат

cyferblat

астрономик вақт кўрсатгичи

časovaâ strelka

соат мили

minutnaâ strelka

дақиқа мили

sekundnaâ strelka

сония мили

Kotoryj čas?

Соат неча?

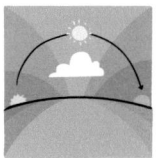

den'

кун

vremâ

вақт

sejčas

ҳозир

èlektronnye časy

рақамли соат

minuta

дақиқа

čas

соат

nedelâ
хафта

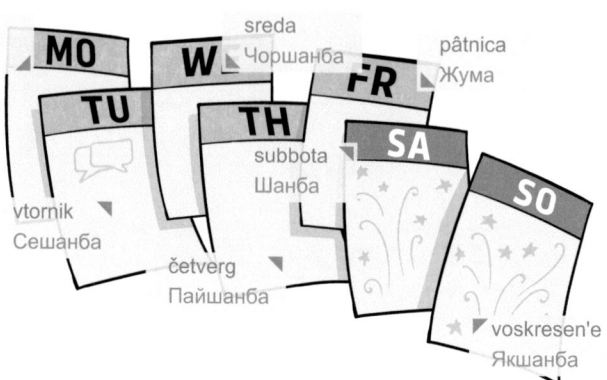

ponedel'nik
Душанба
sreda
Чоршанба
pâtnica
Жума
subbota
Шанба
vtornik
Сешанба
četverg
Пайшанба
voskresen'e
Якшанба

včera

кеча

segodnâ

бугун

zavtra

эртага

utro

эрталаб

polden'

пешин

večer

кечқурун

rabočie dni

иш кунлари

vyhodnye

дам олиш кунлари

god
йил

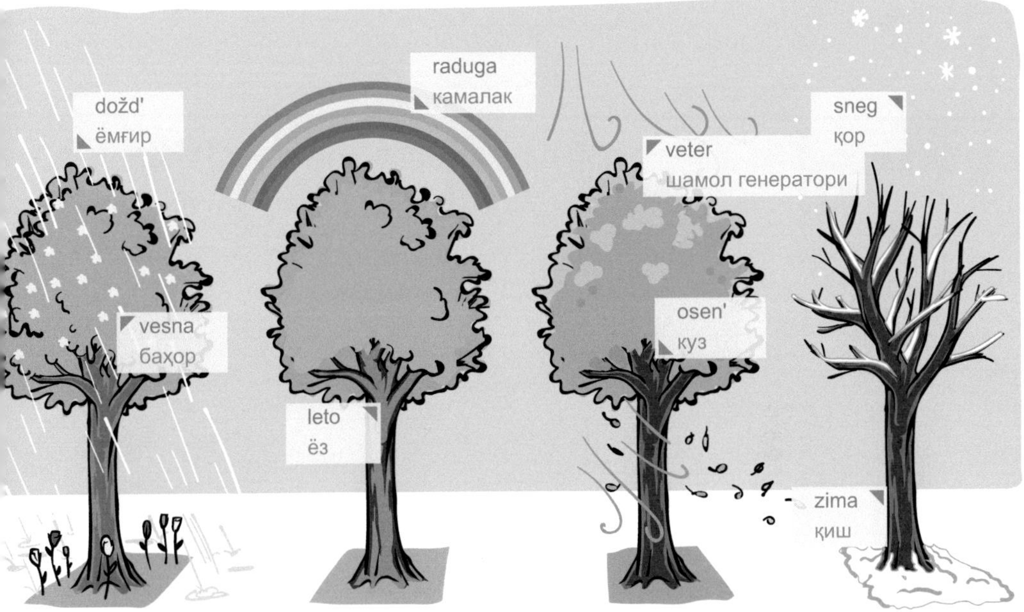

dožd'
ёмғир
raduga
камалак
veter
шамол генератори
sneg
қор
vesna
баҳор
leto
ёз
osen'
куз
zima
қиш

prognoz pogody

об-ҳаво маълумоти

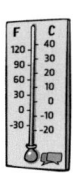

termometr

термометр

solnečnyj svet

қуёшли

tuča

булут

tuman

туман

vlažnost' vozduha

намгарчилик

molniâ
чақмоқ

grom
момоқалдироқ

burâ
бўрон

grad
дўл

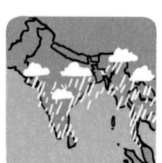
musson
намгарчилик мавсуми

navodnenie
тошқин

lëd
муз

ânvar'
Январь

fevral'
Февраль

mart
Март

aprel'
Апрель

maj
Май

iûn'
Июнь

iûl'
Июль

avgust
Август

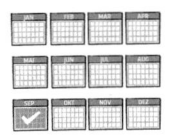

sentâbr'

Сентябрь

oktâbr'

Октябрь

noâbr'

Ноябрь

dekabr'

Декабрь

formy
шакллар

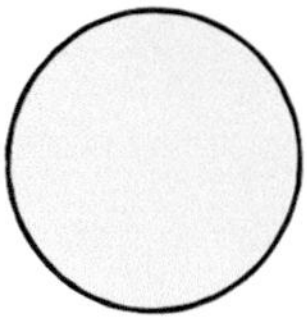

krug

айлана

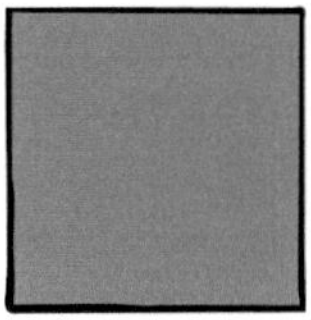

kvadrat

квадрат

prâmougol'nik

тўртбурчак

treugol'nik

учбурчак

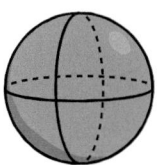

šar

доира

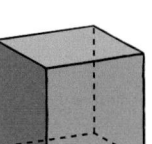

kub

куб

cveta
ранглар

belyj

оқ

želtyj

сариқ

oranževyj

сабзи ранг

rozovyj

пушти

krasnyj

қизил

lilovyj

тўқ қизил

sinij

кўк

zelёnyj

яшил

koričnevyj

жигар ранг

seryj

кул ранг

černyj

қора

protivopoložnosti
қарама-қарши маънoли сўзлар

mnogo / malo
кўп / оз

ârostnyj / mirnyj
ғазабли / хотиржам

krasivyj / urodlivyj
гўзал / хунук

načalo / konec
боши / охири

bol'šoj / malen'kij
катта / кичик

svetlyj / temnyj
ёруғ / қоронғу

brat / sestra
ака / сингил

čistyj / grâznyj
тоза / ифлос

polnyj / nepolnyj
тўлиқ / чала

den' / noč'
кун / тун

mërtvyj / žyvoj
ўлик / тирик

šyrokij / uzkij
кенг / тор

s"edobnyj / nes"edobnyj

еса бўладиган / еса бўлмайдиган

zloj / druželûbnyj

ёвуз / хайрли

vzvolnovannyj / skučaûŝij

ҳаяжонли / зерикарли

tolstyj / hudoj

семиз / озғин

snačala / v konce

биринчи / охирги

drug / vrag

дўст / душман

polnyj / pustoj

тўла / бўш

tvërdyj / mâgkij

қаттиқ / юмшоқ

tâžëlyj / legkij

оғир / енгил

golod / žažda

очлик / чанқов

bol'noj / zdorovyj

касал / соғлом

nezakonnyj / zakonnyj

ноқонуний / қонуний

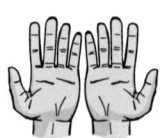

umnyj / glupyj

зиёли / калтафаҳм

sleva / sprava

чап / ўнг

blizko / daleko

яқин / узоқ

novyj / poderžannyj

янги / ишлатилган

ničto / nečto

ҳеч нарса / бир нарса

staryj / molodoj

қари / ёш

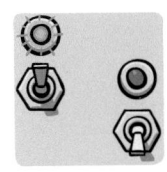

vklûčeno / vyklûčeno

ёниқ / ўчиқ

otkryto / zakryto

очиқ / ёпиқ

tiho / gromko

паст / баланд

bogatyj / bednyj

бой / камбағал

pravil'nyj / nepravil'nyj

тўғри / нотўғри

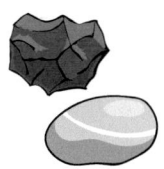

šerohovatyj / gladkij

нотекис / текис

pečal'nyj / sčastlivyj

хафа / хурсанд

korotkij / dlinnyj

қисқа / узун

medlennyj / bystryj

секин / тез

mokryj / suhoj

нам / қуруқ

tëplyj / prohladnyj

илиқ / салқин

vojna / mir

уруш / тинчлик

cyfry
рақамлар

0
nol'
ноль

1
odin
бир

2
dva
икки

3
tri
уч

4
četyre
тўрт

5
pât'
беш

6
šest'
олти

7
sem'
етти

8
vosem'
саккиз

9
devât'
тўққиз

10
desât'
ўн

11
odinnadcat'
ўн бир

12
dvenadcat'

ўн икки

13
trinadcat'

ўн уч

14
četyrnadcat'

ўн тўрт

15
pâtnadcat'

ўн беш

16
šestnadcat'

ўн олти

17
semnadcat'

ўн етти

18
vosemnadcat'

ўн саккиз

19
devâtnadcat'

ўн тўққиз

20
dvadcat'

йигирма

100
sto

юз

1.000
tysâča

минг

1.000.000
million

миллион

cyfry - рақамлар

âzyki
тиллар

anglijskij

Инглиз

amerikanskij anglijskij

Америкача инглиз тили

mandarinskij kitajskij

Хитой тилининг Мандарин лаҳчаси

hindi

Ҳинд

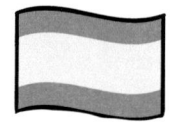

ispanskij

Испан

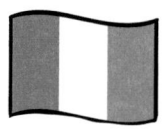

francuzskij

Француз

arabskij

Араб

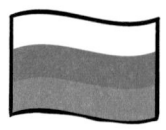

russkij

Рус

portugal'skij

Португал

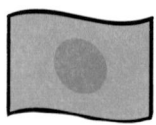

bengal'skij

Бенгал

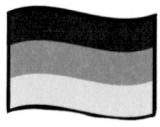

nemeckij

Немис

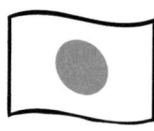

âponskij

Япон

kto / čto / kak
ким / нима / қандай

â
Мен

ty
Сен

on / ona / ono
у / у / у

my
биз

vy
сизлар

oni
улар

kto?
ким?

čto?
нима?

kak?
қандай?

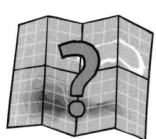
gde?
қаерда?

kogda?
қачон?

imâ
исм

gde
қаерда

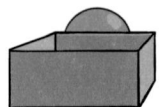

za

орқада

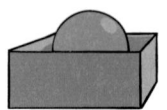

v

ичида

pered

олдида

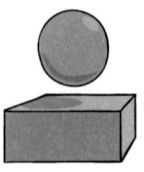

nad

узра

na

устида

pod

тагида

râdom

ёнида

meždu

ўртасида

mesto

жой